Lieblingsbrot selber machen!

Lieblingsbrot selber machen!
Jan Nickel
ISBN: 978-3-910457-13-3
1. Auflage 2022
©Jan Nickel, Fein & Harms Verlag

Alle Rechte vorbehalten.

MEHRKORNBROT

ZUTATEN:

- 2 EL Leinsamen
- 2 EL Fenchelsamen
- 1 TL Kümmelsamen
- 400 g Weizenmehl
- 400 g Roggenmehl
- 1 Würfel Hefe
- 1 TL Salz
- 40 g Sesamsamen
- 700 ml warmes Wasser
- 1 TL Rohrzucker
- Butter für die Form

SO GEHTS:

1. Vermischen Sie den Rohrzucker mit der Hefe und dem Wasser, bis sich alles aufgelöst hat.
2. Die Mischung mit den anderen Zutaten zu einem dicken Teig verkneten und diesen mit einem feuchten Tuch abgedeckt 30 Minuten ruhen lassen.
3. Den Backofen auf 190 °C Umluft einschalten und aufheizen.
4. Das Brot zu einem Laib formen und in eine gebutterte Kastenform geben. Das Brot im Backofen für 90 Minuten ausbacken.

ROGGENBROT

ZUTATEN:

- 600 g Roggenmehl
- 1 EL Olivenöl
- 100 g Weizenmehl
- 1 Würfel Hefe
- 1 EL Salz
- 500 ml warmes Wasser
- 1 TL brauner Zucker
- 1 EL Essig
- 1 TL Kümmel, gemahlen
- 1 Prise Muskatnuss, gerieben
- Auflaufform für 1 Liter Wasser

SO GEHTS:

1. Vermischen Sie das Wasser, Essig, Zucker, Salz und die Hefe bis diese Mischung leichte Blasen schlägt.
2. Nun das Mehl nach und nach unterkneten und alles zu einem Teig verarbeiten.
3. Den Teig für 2 Stunden abgedeckt an einer warmen Stelle ruhen lassen. Den Backofen auf auf 200 °C Ober und Unterhitze einschalten.
4. Das Brot zu einem Laib formen und auf ein Backblech mit Backpapier setzen oder in eine Brotform geben.
5. Die Auflaufform mit dem Wasser unten in den Backofen stellen und das Brot für 10 Minuten backen. Die Temperatur auf 180 °C herunter setzen und das Brot für weitere 50-60 Minuten ausbacken.

BAUERNBROT

ZUTATEN:

- 300 g Weizenmehl Typ 405
- 300 g Weizenmehl Typ 1050
- 2 EL Brotgewürz
- 1 EL Zucker
- 400 ml warmes Wasser
- 1 EL Trockenhefe
- Mehl zum Bestäuben

SO GEHTS:

1. Vermischen Sie die Hefe mit dem Wasser und dem Brotgewürz und kneten Sie den Zucker und das Mehl hinein.
2. Formen Sie den Teig zu einem Laib und setzen Sie diesen auf ein Backblech mit Backpapier. Den Teig leicht mit etwas Mehl bestäuben und für 2 Stunden ruhen lassen.
3. Nun heizen Sie den Backofen auf 220 °C Ober und Unterhitze vor und und geben Sie das Brot für 15 Minuten hinein.
4. Die Temperatur auf 180 °C Ober und Unterhitze einstellen und das Brot weitere 40-45 Minuten ausbacken lassen.

Dauer:
120 Minuten

Portionen:
4

NUSSBROT

ZUTATEN:

- 500 g Dinkelmehl
- 50 g Haselnüsse, gemahlen
- 200 g Haselnüsse, gehackt
- 200 g Walnüsse, gehackt
- 1 TL Salz
- 1 TL Zucker
- 1 Würfel Hefe
- 2 EL Karamellsirup
- 250 ml Wasser
- Butter für die Form

SO GEHTS:

1. Zuerst nehmen Sie die Hefe und vermischen diese mit dem Wasser, den Zucker und das Salz sowie den Sirup einrühren. Solange rühren, bis sich die Hefe aufgelöst hat.
2. Nun die Nüsse und das Mehl einkneten und den Teig 1 Stunden ruhen lassen. Fetten Sie die Brotform ein und setzen Sie es nach der Ruhezeit in die Form.
3. Den Backofen auf 220 °C Ober und Unterhitze aufheizen und das Brot für 10 Minuten darin backen. Danach auf 180 °C die Hitze reduzieren und das Brot weitere 30-35 Minuten ausbacken.

SCHWARZBROT

ZUTATEN:

- 400 g Roggenschrot
- 1/2 Würfel Hefe, frisch
- 500 ml Buttermilch, Natur
- 1 EL Salz
- 300 g Weizenvollkornmehl
- 150 g Sonnenblumenkerne
- 3 EL Waldhonig
- 2 EL schwarzer Sesam
- Butter für die Form

SO GEHTS:

1. Vermischen Sie zuerst die trockenen Zutaten in einer großen Schüssel. Dann die Buttermilch lauwarm erwärmen und Die Hefe sowie den Honig einrühren.
2. Die Milchmischung zum Mehl geben und alles zu einem Teig verkneten. Die Form ein buttern und den Brotteig hineingeben.
3. Abdecken und für 1 Stunde ruhen lassen.
4. Schalten Sie ihren Backofen auf 180 °C Umluft ein und lassen Sie das Brot für 1 Stunde ausbacken.

WEIZENBROT

ZUTATEN:

- 1 Würfel Hefe
- 1 TL Honig
- 1 TL Salz
- 700 g Weizenmehl
- 450 ml warmes Wasser
- 2 EL Milch zum Bepinseln
- Butter für die Form

SO GEHTS:

1. Alle Zutaten zusammen verkenten und für 1,5 Stunden ruhen lassen. Danach erneut durchkneten und eine Kastenform einfetten.
2. Den Backofen auf 180 °C Ober und Unterhitze einschalten und den Teig in die Form geben. Mit der Milch bepinseln.
3. Das Brot für 50 Minuten ausbacken lassen.

Dauer: 120 Minuten

Portionen: 4

OLIVENBROT

ZUTATEN:

- 1 kg Weizenmehl
- 600 ml warmes Wasser
- 1 EL Salz
- 1 TL Zucker
- 10 g frische Hefe
- 300 g Oliven, gehackt

SO GEHTS:

1. Vermischen Sie das Wasser mit Salz, Zucker und Hefe.
2. Kneten sie das Mehl unter und geben Sie die Oliven hinein. Diese ebenfalls etwas unterkneten.
3. Das Brot zu einem Laib formen und auf einem Backblech mit Backpapier aufsetzen. Dort für 60 Minuten ruhen lassen.
4. Erhitzen Sie den Backofen auf 200 °C Ober und Unterhitze und geben Sie das Brot für 20 Minuten hinein. Nun die Hitze auf 180 °C reduzieren und das Brot für weitere 30-40 Minuten ausbacken.

BANANENBROT

ZUTATEN:

- Butter für die Kastenform
- 3 Bananen, püriert
- 1 TL Salz
- 1 EL Honig
- 2 Eier
- 200 g Weizenmehl
- 2 TL Backpulver
- Etwas Zimt
- 1/2 TL Vanillepaste

SO GEHTS:

1. Vermischen Sie die Bananen mit dem Salz, Honig, Vanillepaste, Zimt und Backpulver.
2. Geben Sie das Mehl dazu und verkneten Sie alles zu einem glatten Teig.
3. Die Form einfetten und den Teig hineingeben.
4. Den Backofen auf 160 °C Umluft einschalten und aufheizen.
5. Das Brot für 50-55 Minuten ausbacken.

Dauer: 120 Minuten

Portionen: 4

GLUTENFREIES BROT

ZUTATEN:

- 1 Würfel Hefe
- 1 TL Salz
- 1 TL Brotgewürz
- 1 EL Zucker
- 1 TL Guarkernmehl
- 600 ml Wasser, warm
- 250 g Reismehl
- 100 g Kürbiskerne
- 150 g Kartoffelstärke
- 250 g Buchweizenmehl

SO GEHTS:

1. Die trockenen Zutaten in einer großen Schüssel vermischen. Danach das Wasser mit der Hefe vermischen und diese darin auflösen.
2. Nun alles verkneten und den Teig zu einem Brotlaib formen. Dieses auf ein Backblech mit Backpapier aufsetzen und für 60 Minuten ruhen lassen.
3. Den Backofen auf 180 °C Ober und Unterhitze einschalten und das Brot für 50-60 Minuten darin ausbacken.

Dauer: 120 Minuten

Portionen: 12

KÖRNERBRÖTCHEN

ZUTATEN:

- 150 g Kürbiskerne
- 250 g Weizenmehl
- 50 g Kürbiskerne zum Bestreuen
- 1 TL Brotgewürz
- 250 g Dinkelmehl
- 1 TL Salz
- 1 Ei zum Bepinseln
- 4 EL Öl
- 1 Würfel Hefe
- 80 ml Wasser

SO GEHTS:

1. Die Hefe im Wasser auflösen.
2. Alle Zutaten bis auf das Ei zum Bepinseln und die Körner zum Bestreuen verkneten und den Teig für 60 Minuten ruhen lassen.
3. Den Teig erneut durchkneten und zu 12 Brötchen formen. Diese auf ein Backblech mit Backpapier setzen und den Ofen auf 180 °C Ober und Unterhitze vorheizen.
4. Das Ei in einer Tasse aufschlagen und verquirlen, die Brötchenoberfläche damit bestreichen und mit den Kürbiskernen bestreuen.
5. Die Brötchen für 30-40 Minuten ausbacken.

BRÖTCHEN

ZUTATEN:

- 9 g Frische Hefe
- 370 g Wasser, warm
- 500 g Weizenmehl
- 1 TL Zucker
- 1 TL Salz
- Auflaufform mit 150 ml Wasser

SO GEHTS:

1. Zuerst das Wasser in eine Schüssel geben, die Hefe einrühren bis diese Blasen schlägt. Nun die restlichen Zutaten unterheben und den Teig gut durchkneten.
2. Den Teig nun mindestens 1 Stunde ruhen lassen, besser über Nacht im Kühlschrank.
3. Danach erneut durchkneten und zu 9 Brötchen formen. Diese auf ein Backblech mit Backpapier geben.
4. Den Backofen auf 200 °C Ober und Unterhitze aufheizen und die Auflaufform mit dem Wasser hineinstellen.
5. Die Brötchen hineingeben und für 20 Minuten ausbacken.

Dauer: 120 Minuten

Portionen: 10

BURGER BRÖTCHEN

ZUTATEN:

- 4 EL Sesamkerne zum Bestreuen
- 1 Ei zum Bestreichen
- 200 ml warmes Wasser
- 500 g Weizenmehl
- 1 Würfel Hefe
- 1 TL Zucker
- 4 El Milch
- 80 g weiche Butter
- 1 Ei

SO GEHTS:

1. Zuerst die Hefe sowie das Wasser, Zucker und Milch vermischen. Das Ei einrühren und die Butter unterheben. Dann das Mehl einkneten. Den Teig für 60 Minuten ruhen lassen.
2. Den Teig erneut durchkneten und ein Backblech mit Backpapier vorbereiten. Aus dem Teig 10 Brötchen formen und diese leicht angedrückt auf das Backblech setzen.
3. Das Ei verquirlen und die Brötchen damit bestreichen. Die Oberflächen mit Sesam bestreuen.
4. Den Backofen auf 200 °C Ober und Unterhitze aufheizen und die Brötchen für 15-20 Minuten darin ausbacken.

NEW YORK BAGELS

ZUTATEN:

- 3 Liter Wasser
- 2 TL Zucker, braun
- 1 TL Salz

- 550 g Mehl
- 2 EL Zucker, braun
- 350 ml Wasser, warm
- 1 EL Öl
- 1 EL Trockenhefe
- 1 EL Salz

Topping (Sesamsamen, Kürbiskerne)

SO GEHTS:

1. Vermischen Sie das Wasser, Zucker, Hefe, Öl, Salz und Mehl zu einem glatten Teig.
2. Erhitzen Sie das Wasser, Zucker und Salz und kochen dieses auf.
3. Heizen Sie den Backofen auf 225 °C Ober und Unterhitze.
4. Nun den Teig erneut durchkneten, ein Backblech mit Backpapier bereitstellen.
5. Aus dem Teig nun 8 Kugeln formen, diese zu Brötchen formen und in der Mitte mit Zeigefinger und Daumen ein Loch formen. Dieses Loch etwas erweitern. Die Bagels für 3 Minuten in das kochende Wasser geben und auf das Backpapier legen. Mit dem Topping bestreuen und im Backofen für 20 Minuten ausbacken.

HEFEZOPF

ZUTATEN:

- 4 EL Sesamsamen zum Bestreuen, weiß und schwarz
- 1 EL Milch
- 1 Ei zum Bestreichen

- 200 ml warme Buttermilch
- 80 g Butter, geschmolzen
- 500 g Weizenmehl
- 1 Päckchen Trockenhefe
- 1 TL Zucker
- 4 El Milch
- 1 Ei

SO GEHTS:

1. Verkneten Sie das Mehl, Buttermilch, Trockenhefe, Zucker, Milch, ein Ei und die Butter zu einem Teig. Teilen Sie diesen Teig in 3 Kugeln und rollen Sie jede dieser Kugeln zu einer Rolle aus.
2. Verbinden Sie die Enden der Stränge und beginnen Sie diese zu einem Zopf auf dem mit Backpapier ausgelegten Backblech aufzuflechten.
3. Die Milch mit dem Ei vermischen und den Zopf damit bestreichen. Dann mit Sesam bestreuen.
4. Den Backofen auf 180 °C Ober und Unterhitze aufheizen und das Brot für 30-40 Minuten ausbacken.

Dauer: 180 Minuten

Portionen: 8

BRIOCHE

ZUTATEN:

- 50 g weiche Butter
- 100 ml warme Milch
- 1/2 Hefe frisch
- 1 Prise Zucker
- 1 Prise Salz
- 380 g Mehl
- 1 Ei

- 1 EL Milch
- 1 Ei zum Bestreichen

SO GEHTS:

1. Nehmen Sie eine Kastenform und fetten Sie diese ein.
2. Verkneten sie alle Zutaten bis auf den Esslöffel Milch und das Ei zum bestreichen. Formen Sie daraus 8 Brötchen und setzen Sie diese sehr eng in die Form. Den Teig dort an einem warmen Ort für 2 Stunden ruhen lassen.
3. Den Backofen auf 180 °C Ober und Unterhitze aufheizen. Das Ei mit der Milch verquirlen und die Oberfläche damit bestreichen. Nun die Brioche für 15-20 Minuten ausbacken.

Dauer: 180 Minuten

Portionen: 4

CIABATTA

ZUTATEN:

- 400 g Weizenmehl
- 1 TL Salz
- 250 ml warmes Wasser
- 20 ml Milch
- 1 TL Zucker
- 1/2 Würfel Hefe
- Mehl zum Bestäuben

SO GEHTS:

1. Stellen Sie ein Backblech mit Backpapier bereit und verkneten Sie alle Zutaten zu einem glatten Teig.
2. Den Teig für 2 Stunden ruhen lassen, danach erneut gut durchkneten.
3. Rollen Sie den Teig zu einem rechteckigem Fladen und falten Sie ihn mehrfach bis er eine längliche Brotform erhält.
4. Nun dieses Brot mit Mehl bestäuben und auf das Backblech setzen.
5. Den Backofen auf 220 °C Ober und Unterhitze einschalten und aufheizen lassen.
6. Das Brot für 20-25 Minuten ausbacken und gut auf einem Gitter auskühlen lassen.

BAGUETTE

ZUTATEN:
- 400 g Weizenmehl
- 1 Prise Zucker
- 1 TL Salz
- 1 TL Trockenhefe
- 270 ml Wasser, warm
- 1 EL Olivenöl
- 1 Auflaufform mit Wasser gefüllt

SO GEHTS:
1. Alle Zutaten zu einem Teig verkneten und diesen an einem warmen Ort für 60 Minuten quellen lassen.
2. Ein Backblech mit Backpapier auslegen und den Backofen auf 180 °C Ober und Unterhitze aufheizen.
3. Die Auflaufform mit dem Wasser auf den Boden des Backofens stellen und aus dem Teig zwei Kugeln formen.
4. Jede Kugel zu einem Baguette ausrollen und dieses auf das Backblech legen.
5. Für 25-30 Minuten ausbacken.

Dauer: 180 Minuten

Portionen: 4

TOPFBROT

ZUTATEN:

- 350 Weizenmehl
- 2 EL Balsamico
- 1 EL Honig
- 150 g Joghurt, Natur
- 150 g Roggenmehl
- 1 TL Olivenöl
- 20 g Hefe, frisch
- 1 EL Brotgewürz
- 220 ml warmes Wasser

SO GEHTS:

1. Nehmen Sie einen großen Topf und reiben Sie diesen mit dem Öl ein.
2. Die Zutaten alle zusammen verkneten und den Teig für 2 Stunden ruhen lassen.
3. Erhitzen Sie den Ofen auf 240 °C Ober und Unterhitze und geben Sie den Teig in den Topf.
4. Den Topf mit einem ofenfesten Deckel abdecken und das Brot in den Backofen geben. Dort für 30 Minuten mit dem Deckel backen.
5. Die Hitze auf 180 °C heruntersetzen und den Deckel entfernen, das Brot für 15 Minuten ausbacken lassen.

Dauer: 120 Minuten

Portionen: 4

HOKKIADOBROT

ZUTATEN:

- 600 g Hokkaidokürbis, in Stücken
- 1 TL Salz
- 1 TL Ingwer, gemahlen
- 400 g Weizenmehl
- 1 Packung Trockenhefe
- 50 g Kürbiskerne, zum Bestreuen
- 1 EL Zucker
- Butter zum Einfetten

SO GEHTS:

1. Nehmen Sie einen großen Topf und füllen Sie soviel Wasser mit dem Kürbis hinein, dass dieser bedeckt ist. Den Kürbis für 10 Minuten kochen und durch ein Sieb abgießen. Den Kürbis mit einem Kartoffelstampfer zermanschen.
2. Alle Zutaten, bis auf die Kürbiskerne zusammen verkneten.
3. Eine Kastenform einfetten und den Teig hineingeben, die Kürbiskerne darauf verteilen.
4. Den Backofen auf 180 °C Umluft und geben das Hokkaidobrot hinein. Dort für 60 Minuten ausbacken lassen. Vor dem herausnehmen erkalten lassen.

RUNDE BRÖTCHEN

ZUTATEN:

- Auflaufform mit Wasser
- 120 ml warmes Wasser
- 1/2 Würfel Hefe
- 1 TL Zucker
- 1/2 TL Salz
- 40 g Butter, weich
- 500 g Weizenmehl
- 180 ml warme Milch

SO GEHTS:

1. Legen Sie ein Backpapier auf ein Backblech und stellen Sie dieses bereit.
2. Danach alle Zutaten, bis auf die Milch, verkneten ud den Teig für 60 Minuten ruhen lassen. Erneut durchkneten und zu 12 Kugeln formen.
3. Diese auf das Backblech setzen und leicht andrücken. Schneiden Sie die Oberfläche mit einem scharfen Messer Sternförmig ein.
4. Den Backofen mit der Auflaufform und dem Wasser auf 220 °C Ober und Unterhitze. Die Brötchen für 10 Minuten backen lassen, kurz mit Milch bestreichen und erneut 5 Minuten fertig backen lassen.

Dauer: 120 Minuten

Portionen: 4

ZWIEBELBROT

ZUTATEN:

- 1 kg Weizenmehl
- 600 ml warmes Wasser
- 1 EL Salz
- 1 TL Zucker
- 10 g frische Hefe
- 300 g Oliven, gehackt
- 80 g Röstzwiebeln

SO GEHTS:

1. Alle Zutaten verkneten und das Brot zu einem Laib formen. Den Brotlaib auf ein mit Backpapier ausgelegtem Backblech platzieren und für 1 Stunde ruhen lassen.
2. Schalten Sie Ihren Backofen auf 220 °C Ober und Unterhitze ein und geben Sie das Brot hinein. Für 10 Minuten backen lassen.
3. Den Backofen auf 180 °C Ober und Unterhitze einstellen das Brot dort für 45-50 Minuten ausbacken.

ROSINENBROT

ZUTATEN:

- 50 g weiche Butter
- 80 g Rosinen
- 100 ml warme Milch
- 1/2 Hefe frisch
- 60 g Mandelblättchen
- 1 Prise Zucker
- 1 Prise Salz
- 2 Tropfen Bittermandelaroma
- 380 g Mehl
- 1 Ei

- 1 EL Milch
- 1 Ei zum Bestreichen

SO GEHTS:

1. Nehmen Sie eine Kastenform und fetten Sie diese ein.
2. 1 EL Milch mit einem Ei verrühren und zur Seite stellen.
3. Alle anderen Zutaten verkneten und den Teig in eine gefettete Kastenform geben.
4. Den Teig dort an einem warmen Ort für 2 Stunden ruhen lassen.
5. Den Backofen auf 180 °C Ober und Unterhitze aufheizen. Das Ei mit der Milch verquirlen und die Oberfläche damit bestreichen. Nun das Rosinenbrot für 25-35 Minuten ausbacken.

Dauer: 90 Minuten

Portionen: 2

RAMAZAN PIDESI

ZUTATEN:

- 300 ml Wasser, warm
- Sesamsamen zum Bestreuen
- 3 El Öl
- 1/2 Würfel Hefe
- 1 TL Zucker
- 1 Eigelb
- 450 g Weizenmehl
- 1 TL Schwarzkümmelsamen zum Bestreuen
- Etwas Hartweizengrieß zum Ausrollen

SO GEHTS:

1. Das Mehl, Wasser, Öl, Hefe und den Zucker zu einem Teig verkneten und diesen für 60 Minuten ruhen lassen.
2. Danach etwas Hartweizengrieß auf einer Arbeitsplatte ausbreiten und mehrere Kugeln aus dem Teig formen. Diese zu Fladen ausrollen.
3. Die Fladen mit Ei bestreichen und mit den Samen bestreuen.
4. Den Backofen auf 250 °C Ober und Unterhitze vorheizen und die Fladen für 20 Minuten darin ausbacken.

GEZEITENBROT

ZUTATEN:

- 380 ml warmes Wasser
- 1 EL Salz
- 500 g Weizenmehl
- 1 TL Zucker
- 1 Päckchen Trockenhefe
- 1 EL Brotgewürz
- Mehl zum Ausrollen

SO GEHTS:

1. Die Zutaten zu einem geschmeidigen Teig verkneten und diesen mit einem feuchten Tuch abdecken. Den Teig für 120 Minuten ruhen lassen und erneut durchkneten.
2. Aus dem Teig einen Brotlaib formen und diesen auf ein Backblech mit Backpapier setzen.
3. Den Brotteig mit Wasser bestreichen, sodass dieser schön nass ist und den Backofen auf 220 °C Ober und Unterhitze einschalten. Das Brot sobald der Backofen vorgeheizt ist hineingeben.
4. Für 15 Minuten backen lassen und die Temperatur auf 200 °C reduzieren. Das Brot weitere 40-45 Minuten ausbacken lassen.

Dauer:
220 Minuten
1 Nacht Ruhezeit

Portionen:
4

URGESTEIN SAUERTEIGBROT

ZUTATEN:

- 250 g Einkorn, Vollkornmehl
- 23 g Salz
- 50 g Anstellgut Sauerteig
- 300 g Kamut Vollkornmehl
- 100 g Leinsamen
- 450 ml Wasser

SO GEHTS:

1. Zuerst nehmen Sie 50 g Sauerteig Anstellgut und vermischen es mit 50 g Wasser, warm und 50 g Kamut Vollkornmehl. Gut vermischen, bis alles ein glatter Teig ist. Diese Mischung sollte nun 8-12 Stunden ruhen.
2. Danach alle Zutaten vermischen und gut durchkneten.
3. Den Teig erneut für 60 Minuten ruhen lassen und zu einem Brotlaib formen.
4. Den Backofen auf 220 °C Ober und Unterhitze einstellen und das Brot für 20 Minuten darin backen. Die Temperatur auf 180 °C senken und für weitere 30-35 Minuten ausbacken lassen.

Dauer: 120 Minuten

Portionen: 4

KNOBLAUCHBROT MIT KRÄUTERN

ZUTATEN:

- 50 g weiche Butter
- 100 ml warme Milch
- 1/2 Hefe frisch
- 1 Prise Zucker
- 1 Prise Salz
- 380 g Mehl
- 1 Ei
- 1 Knoblauchzehe, gerieben
- 1 Packung italienische Kräuter, TK
- 1 rote Zwiebel, gehackt

SO GEHTS:

1. Verkneten Sie die Butter, Milch, Hefe, Zucker, Salz, Mehl und das Ei zu einem Teig.
2. Lassen Sie diesen Teig für 60 Minuten ruhen und kneten Sie die restlichen Zutaten unter.
3. Den Teig zu einem großen Fladen ausarbeiten und diesen auf ein Backblech mit Backpapier legen.
4. Den Backofen auf 180 °C Umluft einschalten und das Brot darin für 25-35 Minuten ausbacken.

DINKEL JOGHURT BROT

ZUTATEN:

- Gefettete Kastenform
- 175 g Wasser, warm
- 350 g Dinkelmehl, hell
- 1 TL Ahornsirup
- 1/2 Würfel Hefe
- 50 g Roggenmehl
- 80 g Joghurt, Natur
- 1 EL Salz

SO GEHTS:

1. Zuerst die Hefe mit dem Arhornsirup auflösen und den Joghurt unterheben.
2. Alle restlichen Zutaten einarbeiten und den Brotteig in die Kastenform geben. Oben quer einschneiden um die schöne Musterung zu erhalten.
3. Den Backofen auf 180 °C Ober und Unterhitze einschalten und die Form mit Alufolie oder einem Deckel abdichten. Das Brot so für 40 Minuten backen lassen.
4. Die Abdeckung entfernen und das Brot für weitere 30-35 Minuten ausbacken lassen.

GEWÜRZBROT

ZUTATEN:

- 380 ml warmes Wasser
- 500 g Weizenmehl
- 21 g frische Hefe
- 1 TL Salz
- 1 TL Kreuzkümmel, gemahlen
- 1 TL Ingwer, gemahlen
- 1 TL Kerbel, gemahlen
- 1 EL Olivenöl
- 1 Prise Muskatnuss

SO GEHTS:

1. Vermischen Sie die Hefe mit dem Wasser bis sich diese aufgelöst hat und geben Sie diese Mischung mit den anderen Zutaten in eine große Schüssel.
2. Nun alles gut verkneten und den Brotteig für 60 Minuten ruhen lassen.
3. Den Teig erneut durchkneten und zu einem Laib formen. Diesen auf ein Backblech mit Backpapier setzen und mit Wasser bepinseln.
4. Den Backofen auf 220 °C Ober und Unterhitze einstellen und das Brot in den vorgeheizten Ofen geben. Dort für 20 Minuten backen lassen und die Temperatur auf 180 °C reduzieren.
5. Das Brot erneut mit Wasser bepinseln und für 45-50 Minuten ausbacken lassen.

BUTTERMILCH WEISSBROT

ZUTATEN:

- 1 TL Salz
- 1 Würfel Hefe
- 1 TL Zucker
- 70 g Butter, weich
- 500 g Weizenmehl
- 250 ml warme Buttermilch
- Gefettete Kastenform

SO GEHTS:

1. Die Hefe mit der Buttermilch vermischen und den Zucker sowie das Salz einrühren.
2. Die Butter untermischen und das Mehl hineingeben.
3. Alles gut verkneten und für 45 Minuten ruhen lassen.
4. Erneut durchkneten und den Backofen auf 180 °C Umluft einstellen.
5. Den Brotteig in eine gefettete Kastenform geben und mit Wasser bestreichen.
6. Das Brot in den Backofen geben und für 45 Minuten ausbacken lassen.

Dips und anderes

Dauer: 20 Minuten

Portionen: 4

Sehr lecker!

HUMMUS

ZUTATEN:

- 1 große Dose Kichererbsen, abgetropft
- Saft einer Zitrone
- 1 Chili, ohne Strunk
- 3 g Ingwer, geschält
- 1 Prise Salz
- 1 TL Curry
- 1 TL Kurkuma
- 1/2 TL Kreuzkümmel, gemahlen
- 1 TL Paprikapulver, edelsüß
- 2 Knoblauchzehen, geschält
- 2 EL Öl

SO GEHTS:

1. Nehmen Sie die Zutaten und geben Sie alles zusammen in einen Mixer.
2. Die Zutaten zu einer cremigen Masse pürieren und in eine Schale umfüllen. Sie können den Hummus mit Gewürzen oder auch Tomaten und Kräutern garnieren vor dem Servieren. Der Hummus sollte mindestens 30 Minuten im Kühlschrank ruhen damit sich die Gewürze entfalten können.

Dauer: 20 Minuten

Portionen: 4

Must Try!

GUUACAMOLE

ZUTATEN:

- 1 Tomate, gehackt ohne Kerne
- 1 Knoblauchzehe, gehackt
- 2 Avocado, in Stücken
- 1/2 Bund Basilikum, gehackt
- 1 TL Chiliflocken
- Salz & Pfeffer
- 1 Limette, Saft & Abrieb

SO GEHTS:

1. Nehmen Sie alle Zutaten bis auf Salz und Pfeffer und pürieren Sie diese gemeinsam.
2. Danach die Guacamole in eine Schale füllen und mit Salz und Pfeffer abschmecken.
3. Je länger die Guacamole durchziehen kann umso stärker wird ihr Geschmack.

Dauer: 20 Minuten

Portionen: 4

Must Try!

FRISCHKÄSE

ZUTATEN:

- 2 Stangen Frühlingszwiebeln, in Ringe
- 2 EL Frühlingszwiebelringe zum Garnieren
- 250 g Frischkäse, Natur
- 1/2 TL Salz
- 1/2 TL Pfeffer
- 1 EL Schnittlauch, gehackt
- 1 Prise Paprikapulver, edelsüß

SO GEHTS:

1. Nehmen Sie den Frischkäse mit den Gewürzen und Kräutern und verrühren Sie diesen, bis er schön cremig ist.
2. Nun die Frühlingszwiebeln darüber geben und alles für 1 Stunde im Kühlschrank ruhen lassen.

Dauer:
20 Minuten

Portionen:
4

Must Try!

AVOCADO-LACHS BROT

ZUTATEN:

- 150 g Räucherlachs
- 4 EL Meerrettich Creme
- 1 Avocado, in Spalten
- 4 Scheiben Brot
- 1 EL italienische Kräuter

SO GEHTS:

1. Nehmen Sie die Brotscheiben und bestreichen Sie diese mit der Meerrettich Creme.
2. Platzieren Sie die Avocadospalten auf der Creme.
3. Legen Sie die Lachsscheiben darauf und bestreuen Sie alles mit den Kräutern.

Impressum
Jan Nickel wird vertreten durch:
Michelle Fein
Kapellenstraße 58
52066 Aachen

1. Auflage, 2022
Kontakt: buecher.fragen@yahoo.de
Alle Rechte vorbehalten

Printed in Poland
by Amazon Fulfillment
Poland Sp. z o.o., Wrocław